BEI GRIN MACHT SICH IHR WISSEN BEZAHLT

- Wir veröffentlichen Ihre Hausarbeit, Bachelor- und Masterarbeit

- Ihr eigenes eBook und Buch - weltweit in allen wichtigen Shops

- Verdienen Sie an jedem Verkauf

Jetzt bei www.GRIN.com hochladen und kostenlos publizieren

Bibliografische Information der Deutschen Nationalbibliothek:

Die Deutsche Bibliothek verzeichnet diese Publikation in der Deutschen Nationalbibliografie; detaillierte bibliografische Daten sind im Internet über http://dnb.d-nb.de/ abrufbar.

Dieses Werk sowie alle darin enthaltenen einzelnen Beiträge und Abbildungen sind urheberrechtlich geschützt. Jede Verwertung, die nicht ausdrücklich vom Urheberrechtsschutz zugelassen ist, bedarf der vorherigen Zustimmung des Verlages. Das gilt insbesondere für Vervielfältigungen, Bearbeitungen, Übersetzungen, Mikroverfilmungen, Auswertungen durch Datenbanken und für die Einspeicherung und Verarbeitung in elektronische Systeme. Alle Rechte, auch die des auszugsweisen Nachdrucks, der fotomechanischen Wiedergabe (einschließlich Mikrokopie) sowie der Auswertung durch Datenbanken oder ähnliche Einrichtungen, vorbehalten.

Impressum:

Copyright © 2012 GRIN Verlag, Open Publishing GmbH
Druck und Bindung: Books on Demand GmbH, Norderstedt Germany
ISBN: 978-3-668-13088-3

Dieses Buch bei GRIN:

http://www.grin.com/de/e-book/314371/zu-loving-the-other-arab-male-fetish-pornography-and-the-dark-continent

Anna Sailer

Zu "Loving the Other: Arab-Male Fetish Pornography and the Dark Continent of Masculinitiy" von Mahawatte, Royce (2003)

GRIN Verlag

GRIN - Your knowledge has value

Der GRIN Verlag publiziert seit 1998 wissenschaftliche Arbeiten von Studenten, Hochschullehrern und anderen Akademikern als eBook und gedrucktes Buch. Die Verlagswebsite www.grin.com ist die ideale Plattform zur Veröffentlichung von Hausarbeiten, Abschlussarbeiten, wissenschaftlichen Aufsätzen, Dissertationen und Fachbüchern.

Besuchen Sie uns im Internet:

http://www.grin.com/

http://www.facebook.com/grincom

http://www.twitter.com/grin_com

VS „Wilde Sexualität"
Doppelmoral, Genderkonstruktion/en und rassistische Ästhetik

SCHRIFTLICHE ABSCHLUSSARBEIT

zu

Mahawatte, Royce (2003): Loving the Other: Arab-Male Fetish Pornography and the Dark Continent of Masculinitiy. In: Gibson, Pamela Church (Hrsg.): More Dirty Looks. Gender, Pornography and Power. London: British Film Instiute. S. 127 - 136.

Anna Sailer
SoSe 2012

Krems an der Donau, 26. September 2012

INHALTSVERZEICHNIS

1. Einleitung 3

2. Royce Mahawatte 3

3. Artikelübersicht 3

    3.1. Was ist ein „Arab-Male Fetish"? 3

    3.2. Geschichtliche Hintergründe 4

    3.3. Stereotype 4

    3.4. Grundlage des Arab-Male Fetish 5

4. Fallbeispiele 5

    4.1. Kandahar Comes Out of the Closet 6

    4.2. Serie Studio Beurs 6

    4.3. Newsgroups 7

        4.3.1. Newsgroups - 9/11 7

        4.3.2. I Was a Taliban Sex-slave 7

5. Kritikpunkte, Diskussionsmöglichkeiten, Offene Fragen 8

6. Conclusio 9

Bibliographie 10

Internetquellen 10

1. Einleitung

In dem nachfolgenden Text werde ich mich mit meinem Referatsartikel „Loving the Other: Arab-Male Fetish Pornography and the Dark Continent of Masculinity" von Royce Mahawatte genauer auseinandersetzten. Zu Beginn möchte ich kurz den Autor vorstellen und anschließend eine Zusammenfassung des Textes, Fallbeispiele und etwaige Diskussionen oder eventuelle Kritikpunkte anführen. Außerdem möchte ich versuchen, den Text in Bezug auf die Basisliteratur zu setzen, wobei ich gleich an dieser Stelle erwähnen möchte, dass die drei Texte jeder auf seine eigene Weise sehr interessant waren, Querverbindungen zu diesen aber äußerst schwierig - bis teilweise sogar unmöglich - waren.

2. Royce Mahawatte

Der Autor ist an der University of the Arts London Central Saint Martin als Lektor für Cultural Studies angestellt und betreibt dort seine Forschungen. Er hat bei verschiedensten Konferenzen teilgenommen, Artikel für Zeitungen und bereits diverse Beiträge für Bücher verfasst. Der Artikel, den ich in dieser Abschlussarbeit besprechen möchte, war laut Informationen der Universität sein erster Beitrag zu einem Buch (vgl. URL 1). Im Jahr 2013 erscheint seine erste Monographie „George Eliot and the Gothic Novel", die sich sehr mit seinem jetzigen Forschungsschwerpunkt, nämlich der Gothic Szene, auseinandersetzt. Biographische Daten konnte ich bei meiner Recherche leider keine finden.

3. Artikelübersicht

Der Artikel ist 2003[1] in „More Dirty Looks. Gender, Pornography and Power", welches von Pamela Gibson herausgegeben wurde, erschienen. Er behandelt unteranderem die Sichtweise des geographischen Westens auf den Osten, erotische Texte und Filme mit arabischen Männern und aktuelle Ereignisse, die Einfluss auf den Diskurs nehmen.

3.1. Was ist ein „Arab-Male Fetish"?

Unter diesem Terminus versteht man Männer aus Marokko, Algerien, Tunesien, Ägypten und der Syrisch-Arabischen Halbinsel, die als Protagonisten in erotischen Texten und Filmen zur sexuellen Stimulation für andere, vor allem aber weiße, westliche Männer dienen (vgl. Mahawatte 2003:127).

---

[1] Aufgrund der Debatte beziehungsweise der Verwirrung um das Erscheinungsjahr des Artikels während des Referates, habe ich den Autor persönlich kontaktiert: „(...) it was first published in 2003 (...)." (Royce Mahawatte, 11.06.2012; vgl. URL 2). Meine zusätzlichen Recherchen haben dies bestätigt: Pamela Gibson hat bereits 1993 ein ähnliches Buch mit dem Titel „Dirty Looks: Women, Pornography, Power" herausgebracht. Zehn Jahre später, nämlich 2003 kam die Fortsetzung „More Dirty Looks: Gender, Pornography and Power" auf den Markt. Erst in diesem Buch ist der hier besprochene Artikel von Royce Mahawatte erschienen (vgl. URL 3).

3.2. Geschichtliche Hintergründe

Um den Artikel richtig einordnen beziehungsweise verstehen zu können, sehe ich es als notwendig an, die geschichtlichen Hintergründe, die Mahawatte in seinem Artikel anführt, zu Beginn kurz zu beleuchten.

Der Autor versucht von Anfang an klar zu stellen, dass der Westen sich dem Osten kulturell und moralisch schon immer überlegen fühlte. So überrascht es nicht, dass anthropologische Forschungen im Mittleren Osten anfangs vor allem von dem Interesse an Sexualität und Initiationsriten geprägt waren. Im 19. und frühen 20. Jahrhundert nährten Reisende außerdem die Annahme, dass der Osten nicht nur physisch anders sei, sondern auch moralische und sexuelle Herausforderungen mit sich bringt. Die kolonialen Grenzen und Unterschiede galten als gefährlich, aber auch als aufregend. Die damalige Denkweise war, dass es „richtige" Männer nur im Osten gibt (vgl. ebd. 129).

Bereits zuvor, im 18. Jahrhundert gab es Reisen zur Re-Identifikation der eigenen Männlichkeit und teilweise sogar Sextourismus (vgl. ebd. 130). Da homosexuelle Beziehungen und Sodomie zwischen Männern in der arabischen Gesellschaft alltäglich waren, ergab sich die Möglichkeit für junge Männer aus dem Westen ihre Sexualität und Vorlieben auszuprobieren. Ein berühmtes Beispiel dafür wäre der Schriftsteller Oscar Wilde.

In den letzten Jahren ist der Gay-Sextourismus in Ägypten, Tunesien und Marokko zurückgegangen, weil die einzelnen Länder eine Anti-Westen-Einstellung entwickelten [2] und mittlerweile im Westen mit Homosexualität allgemein offener umgegangen wird (vgl. ebd. 131).

3.3. Stereotype

Aus diesen historischen Ereignissen beziehungsweise die im Westen verankerten Denkweisen entstanden diverse Fremdzuschreibungen, die für den Arab-Male Fetish in der Pornographie teilweise mitverantwortlich sind. So wurden den arabischen Männern verschiedenste Stereotype zugeschrieben: Sie hätten eine große Libido, seien verdorben und würden ihre Homosexualität offen auf der Straße ausleben und dadurch gefährlich für den moralisch höheren Westen sein (vgl. ebd. 127f). Vor allem die Tatsache, dass die arabische Bevölkerung nicht-europäisch und nicht-christlich ist, ließ sie als unmoralisch gelten (vgl. ebd. 129).

Auch Anette Dietrich, in deren Text es eigentlich um die „Konstruktion weißer weiblicher Körper

---

[2] Als aktuelles Beispiel möchte ich hier kurz die derzeitigen Angriffe auf Botschaften des Westens (USA, Deutschland, Frankreich, etc.) anführen. Durch, meiner Meinung nach, nicht gerade gut durchdachtes Veröffentlichen des „Mohammed-Video", wird der Hass und die Einstellung gegen den Westen wieder einmal neu angefacht (Beispiele: vgl. URL 4, URL 5)

im Kontext des deutschen Kolonialismus" (vgl. Dietrich 2005) geht, führt fast schon klassische Stereotype auf: Schwarze Körper, werden im Gegensatz zu weißen, als sexualisiert und rassifiziert analysiert (vgl. Dietrich 2005:364). Weiters wurde „schwarzen Männern (...) ein triebhafter Sexualtrieb unterstellt" (vgl. Dietrich 2005:365), den auch Mahawatte in seinem Text kurz aufgreift: Der Orientalist Richard Burton gab in einer Fußnote seines „Personal Narrative of a Pilgrimage to Al-Madinah and Meccah" an, dass Araber, aufgrund der Größe ihrer Geschlechtsorgane, näher zu schwarzen Afrikanern verwandt seien (vgl. Mahawatte 2003:129), denen ja seit jeher - eigentlich bis in die heutige Zeit - ein starker triebhafter Sexualtrieb unterstellt wird.

3.4. Grundlage des Arab-Male Fetish

Die eigentliche Grundlage für die Arab-Male Fetish Pornography sieht Mahawatte bei Edwardes und Masters in ihrem Werk „The Cradle of Erotica". Im Wesentlichen sollte das Werk, wie vorher schon in Punkt 3.2. erwähnt, zu dieser Zeit üblich, Initiations- und sexuelle Riten der nicht-westlichen Frauen und Männer beschreiben. Es kann aber auch leicht als pornographische Literatur verstanden werden, da die Autoren zum Beispiel detaillierte Beschreibungen zu Techniken der Selbstbefriedigung geben. In ihrer Conclusio definieren sie Sexualität im Westen mit Liebe und Emotionen, wohingegen im Osten einzig und alleine der „need of flesh" (Mahawatte 2003:130) eine Rolle spielt und Emotionen kein Teil von Sexualität sind. Damit geben die Autoren den Impuls, dass Muslime beziehungsweise arabische Männer Sex als Ganzes nicht verstehen können, brutal und unsensibel sind (vgl. ebd. 129f). Diese Impulse nähren wiederum die Stereotype. Durch all diese Überlegungen entsteht die Basis für den Arab-Male Fetish: „If the Orient holds dangers for the Western man, then, it is the Orient that holds experiences for the man seeking danger" (Mahawatte 2003:130), wobei „danger" (ebd.) quasi als Sex, ob real oder imaginär, mit leidenschaftlichen, sehr männlichen Männern, welche ja eben die arabischen Männer in der westlichen Denkweise sind, verstanden wird (vgl. ebd.).

4. Fallbeispiele

Mahawatte führt drei Beispiele zu diesem Thema an, auf die ich kurz eingehen möchte:
1) Kanadaher Comes Out of the Closet
2) Serie Studio Beurs
3) Newsgroups

4.1. Kandahar Comes Out of the Closet

Mahawatte beginnt, um den Arab-Male Fetish in den heutigen Kontext zu setzen (vgl. ebd. 127) seinen Beitrag zu Gibsons Buch mit einem Verweis auf den Artikel „Kandahar Comes Out of the Closet", der in einer Wochenendausgabe in der Times in London im Jahr 2002 erschienen ist (vgl. URL 6). Kandahar ist die zweitgrößte Stadt in Afghanistan und galt von Ende 1994 bis 2001 als Hauptsitz der Taliban. Vor der Machtergreifung der Taliban war Homosexualität zwischen jungen Buben, so genannten „ashnas" (Mahawatte 2003:127), und ihren „sugar daddies" (ebd.) ganz etwas Alltägliches und wurde öffentlich auf der Straße gezeigt. Aus diesem Grund galt Kandahar als die Hauptstadt der Homosexuellen in Südasien, wo sogar die Vögel mit nur einem Flügel fliegen, weil sie mit dem anderen ihr Hinterteil abdecken müssen.

Nach der Machtergreifung durch die Taliban wurde Homosexualität verboten und die Todesstrafe für Sodomie verhängt. Im privaten Bereich ging es aber trotzdem weiter. Nach dem Fall der Taliban wurden die Beziehungen zwischen ashnas und älteren Männern wieder öffentlich sichtbar (vgl. ebd. 127 & URL 6): „They say birds flew with both wings with the Taleban (sic). But not any more." (URL 6). Die afghanischen Männer werden, wie sooft, als unmoralisch, nämlich als „overmasculinised" (Mahawatte 2003:127) Vergewaltiger, dargestellt - ihre moralische Rettung kann nur durch den stärken Westen, in diesem Fall die USA, geschehen. Der Fall der Taliban war für die USA zwar ein Sieg, aber andererseits waren sie quasi für den erneuten moralischen Verfall verantwortlich (vgl. ebd. 127).

4.2. Serie Studio Beurs

Die Serie Studio Beurs wird von Jean Noel René Clair (kurz: JNRC), der seit Mitte der 1980er Jahre pornographische Filme dreht, produziert. Unverwechselbar war diese Serie aufgrund ihrer Besonderheit, dass sie im Filmtitel die Ethnizität der Protagonisten enthält. Der Fokus bei der Produktion der Filme liegt auf arabischen Männern. „Beurs" (Mahawatte 2003:131) ist der umgangssprachliche Ausdruck für Männer von maghrebinischen Ursprungs mit französischer Staatsbürgerschaft.

Die Filme zeigen junge arabische Männer, die vor einer Kamera masturbieren. Sie sind sehr amateurhaft und einfach gestaltet. Meistens bestehen sie aus einem jungen Mann, der sich kurz vorstellt oder ein wenig über sich erzählt, beispielsweise dass er gerne Fußballer werden würde, dann folgt ein kurzer (laienhafter) Striptease und schlussendlich erfolgt die Masturbation bis zum Orgasmus. Anschließend folgt ein anderer Kurzfilm mit einem anderen Darsteller.

Die Kameraführung ist einfach, es gibt keinen Soundtrack und nur einen Scheinwerfer. So soll von der Masturbation nicht abgelenkt werden und sie soll so natürlich wie möglich wirken. Um die Natürlichkeit zu bestärken tragen die Männer höchstwahrscheinlich sogar ihre eigenen Kleidung und vermitteln dadurch zusätzlich das Image eines Immigranten der Arbeiterschicht.

Die Amateurhaftigkeit wird deutlich, in dem das Bett quietscht und knackst oder der Protagonist seine Hose nicht öffnen kann, beziehungsweise das man einen close-up der Füße zeigt, was laut Mahawatte eher untypisch für die Pornoindustrie ist (vgl. Mahawatte 2003:131f).

4.3. Newsgroups

In der heutigen Zeit hat sich der (Schwulen-)Pornographie-Markt extrem vergrößert. Natürlich spielt hierbei das Internet eine große Rolle. Heute gibt es viele Websites, die das Verlangen der Nutzer leicht und schnell stillen können. Es gibt zahlreiche Nischen und Kategorien: Voyeurismus, Amateur, medizinische Untersuchen, Striptease oder Ethnizitäten (vgl. ebd. 133).

Die so genannten Newsgroups sind wie ein schwarzes Brett im Internet und dienen zum Austausch von Bildern und Erfahrungsberichten, als Kontaktbörse und bieten Informationen über Alltägliches wie Politik oder das Leben allgemein. Ihre Nutzer sind hauptsächlich männlich.

4.3.1. Newsgroups - 9/11

Nach den Terroranschlägen vom 11. September, wie beispielsweise auch schon der Zweite Weltkrieg diverse Schriften und Theorien beeinflusste (vgl. Funk 1983:36), entstanden in den Newsgroups zahlreiche neue Diskussionen. So hat zum Beispiel ein User ein Bild der Attentäter mit dem folgenden Slogan darunter gepostet: „good dick wasted - Some of these guys should have been blowing each other instead of buildings ... Blow A Dick, Not A Dynamite Stick!!!" (Mahawatte 2003:134). Hier wirkt die Homosexualität als moralische Verbesserung zum weltweiten Terrorismus (vgl. ebd.).

4.3.2. I Was a Taliban Sex-slave

Außerdem sind in diesen Newsgroups auch Beiträge unter dem Titel „I Was a Taliban Sex-slave" (ebd.) entstanden. Bei den meisten Postings ist der Hauptcharakter männlich, aus dem Westen und heterosexuell. Er wird dann durch den unzivilisierten Osten zum Sexsklaven.

Weiters gibt es viele fiktionale Geschichten über Sexsklaven für den mittlerweile getöteten Osama Bin-Laden. Diese Geschichten machen nicht nur die arabische Gesellschaft, sondern auch die Taliban lächerlich. Obwohl es eigentlich nur um kontroversen Humor gehen soll, wird der Text zur politischen Propaganda und gibt Möglichkeiten für viele Interpretationen. Es wird hierbei deutlich, wie sich Rassismus und Homophobie in individuelle pornographische Vorlieben und Praktiken einschleichen können (vgl. ebd. 135).

5. Kritikpunkte, Diskussionsmöglichkeiten, Offene Fragen

Royce Mahawatte versucht auf wenigen Seiten sehr viele Informationen zusammenzufassen. Es gelingt ihm sehr gut den LeserInnen einen Überblick über den Arab-Male Fetish zu verschaffen. Vorsichtig muss man vor allem sein, da das Phänomen Pornographie laut Mahawatte noch nicht sehr lange wissenschaftlich erforscht wird. Zu dem Zusammenhang zwischen Pornographie und Ethniztität gibt es überhaupt noch fast keine Forschungen, obwohl dieser Diskurs in meinen Augen mehr als gerechtfertigt wäre. Auf diversen einschlägigen Seiten im Internet gibt es Kategorien, die die so genannten „racial interests" (Mahawatte 2003:128), die nicht nur homosexuelle, sondern auch heterosexuelle Interessenten betreffen, hervorheben. Man kann sich nicht nur zwischen der Anzahl und dem Geschlecht der auftretenden Personen entscheiden, sondern auch zwischen verschiedenen Ethnizitäts-Kategorien, wie zum Beispiel: black, Asian, Arab, etc. (vgl. ebd. 127f).

Fallbeispiel Nummer 1 ist kurz nach dem Sturz des Regimes der Taliban erschienen. Da Mahawattes Text lediglich ein weiteres Jahr danach veröffentlicht wurde, weiß man nicht wie die aktuelle Situation ist. Außerdem finde ich es persönlich kritisch zu sehen, dass der Artikel gar nicht auf die Frauen- und Mädchenproblematik eingeht. Mädchen und Frauen hatten kein Recht auf Bildung und durften sich nur in Burka öffentlich auf der Straße zeigen. Außerdem gehörten Steinigungen von Frauen in Fußballstadien zur Tagesordnung. Durch das nicht-erwähnen dieser Problematik vermittelt der Artikel ein fast schon positives Bild über die Taliban (natürlich einmal davon abgesehen, dass sie die Todesstrafe als Strafmittel für Sodomie nutzten) und er impliziert zudem den Glauben, dass die Taliban primär zum Ausmerzen von Homosexualität und der Rettung der jungen Buben existierten und deren Fall die homosexuelle Subkultur und Päderastie erst wieder ermöglichte. Zu hinterfragen wäre hier außerdem, warum Mahawatte diesen Artikel als Einstieg in das Thema verwendet. Es ist verständlich, dass er den aktuellen Kontext damit herstellen möchte, aber eigentlich erklärt er wenige Sätze zuvor, dass der Arab-Male Fetish ja zur Stimulation für andere Männer dient. In diesem Artikel geht es aber hauptsächlich um das Vorurteil, dass der Osten gerettet werden muss, mit Pornographie hat er, meiner Meinung nach, recht wenig zu tun.

Persönlich würde mich noch interessieren, ob ashnas später im Erwachsenenalter selbst zu suggar daddies werden und wie die Situation für deren Ehefrauen ist oder ob es zum Beispiel auch Homosexualität zwischen Frauen gibt/geben darf?

Fallbeispiel Nummer 2 finde ich sehr interessant. Ich wusste vor meinem Referat nichts über diese Nische und gerade dieses Beispiel zeigt, wie die eigentliche sexuelle Anziehungskraft nicht nur durch die Ethnizität des Darstellers, sondern auch durch die Zeichen, zum Beispiel die Kleidung, der sozialen Zugehörigkeit entstehen, beziehungsweise wird dadurch die Herkunft deutlicher hervorgehoben (vgl. Mahawatte 2003:132). In Richard Dyers Text, in dem es vor allem um die Ausleuchtung und Beleuchtung von Menschen in den Medien geht, beschreibt er die Schwierigkeit dunkelhäutige Menschen richtig zu beleuchten: „(...) it will look ‚down'" (Dyer 1983:82). Das hat mich sehr an die Besprechung des Pirelli-Kalenders in der Vorlesung und an dieses Fallbeispiel erinnert, weil auch hier die Beleuchtung eher schwach ist und ich mir vorstellen kann, dass dies sogar absichtlich so eingestellt wurde, um die Stereotype des schwachen Ostens noch mehr zu verstärken.

Anette Dietrich zitiert Richard Dyer, dass die „Gefahr [besteht], das nicht-weiße Subjekt nur in dessen Funktion für das weiße Subjekt zu betrachten" (Dietrich 2005:364). Das trifft hier besonders zu, da man über das eigentliche Leben oder die arabische Kultur nichts lernt. Gänzlich ausgelassen wird von Mahawatte wie dieses pornographische Material in den jeweiligen Herkunftsländern der Protagonisten aufgenommen wird. Außerdem bleibt bei allen Beispielen offen, ob der Fetisch nur homosexuelle oder auch heterosexuelle Männer anspricht.

6. Conclusio

Die Arab-Male Fetish Pornography ist eine Folge der komplexen Beziehung zwischen dem Blick der porno-produzierenden Gesellschaft und dem Blick der Natur der Männlichkeit (vgl. Mahawatte 2003:135). Der Fetisch existiert aufgrund der vielen Stereotype, die im Westen verankert sind. Es ist wie eine „zentrale Obsession der Moderne", dass Menschen der Meinung sind, dass „Körper, deren Farben und Wölbungen alles über den Wert und Unwert eines Menschen" (Dietrich 2005: 365) zeigen.

BIBLIOGRAPHIE

Burton, Richard (1893): Personal Narrative of a Pilgrimage to Al-Madinah and Meccah, vol. II. London: Darf Publisher Ltd.

Dietrich, Anette (2005): Konstruktion weißer weiblicher Körper im Kontext des deutschen Kolonialismus. In: Eggers, Maureen Maisha et al (Hrsg.): Mythen, Masken und Subjekte. Kritische Weißseinsforschung in Deutschland. Münster: Unrast. S. 363 - 376.

Dyer, Richard (1997): The light of the world. In: Dyer, Richard: White. New York, London: Routledge. S. 82 - 144.

Edwardes, Allen & R.E.L. Masters (1970): The Cradle of Erotica. London:The Odyssey Press.

Funk, Holger (1983): Der Begriff ‚Häßlich' in der Ästhetik. In: Funk, Holger: Ästhetik des Häßlichen. Beiträge zum Verständnis negativer Ausdrucksformen im 19. Jahrhundert. Berlin: Agora Verlag. S. 24 - 52.

Gibson, Pamela Church (Hrsg.) (2003): More Dirty Looks. Gender, Pornography and Power. London: British Film Institute.

Mahawatte, Royce (2003): Loving the Other: Arab-Male Fetish Pornography and the Dark Continent of Masculinitiy. In: Gibson, Pamela Church (Hrsg.): More Dirty Looks. Gender, Pornography and Power. London: British Film Instiute. S. 127 - 136.

INTERNETQUELLEN

URL 1: University of the Arts London Central Saint Martins. Dr Royce Mahawatte: http://www.csm.arts.ac.uk/research/staffresearchprofiles/drroycemahawatte/ (09.05.2012)

URL 2: Royce Mahawatte bei Twitter: http://twitter.com/roycemahawatte (11.06.2012)

URL 3: Amazon. Auflistung der Bücher von Pamela Church Gibson:
http://www.amazon.co.uk/s?_encoding=UTF8&search-alias=books-uk&field-author=Pamela%20Church%20Gibson (19.09.2012)

URL 4: Frankreich schließt Botschaften aus Angst vor Angriffen. Die Zeit Online:
http://www.zeit.de/politik/ausland/2012-09/islam-frankreich-karikaturen-botschaften (20.09.2012)

URL 5: Salafisten-Alarm vor US-Botschaft. Kurier Online:
http://kurier.at/nachrichten/wien/4512870-salafisten-alarm-vor-us-botschaft.php (20.09.2012)

URL 6: Kandaher Comes Out of the Closet. Times:
http://www.gplan.org/sodomylaws/world/afghanistan/afnews007.htm (09.05.2012)

BEI GRIN MACHT SICH IHR WISSEN BEZAHLT

- Wir veröffentlichen Ihre Hausarbeit, Bachelor- und Masterarbeit

- Ihr eigenes eBook und Buch - weltweit in allen wichtigen Shops

- Verdienen Sie an jedem Verkauf

Jetzt bei www.GRIN.com hochladen und kostenlos publizieren